Eu Sou O Que Eu Sou!

Poesia

NÁDIA CARDOSO

ISBN: 979-8-9910109-8-6

Design da capa: Nádia Cardoso

DEDICATÓRIA

Dedico este livro à Fonte, por me inspirar e aos meus filhos Edielzinho, Bruninho, Felicidad e Tali, por serem tão maravilhosos.

Índice

AGRADECIMENTOS

Agradeço à Fonte que me iluminou e inspirou para escrever este livro. Eu sou verdadeiramente grata!

1 AMOR

Nós somos a natureza,
um só ser universal.
Somos verdade, pureza…
a transmutação do mal!

Nós somos seres infinitos,
multidimensionais,
transparentes e bonitos
como os nossos irmãos cristais!

Nós somos as estrelas,
o espaço e o universo.
Nós somos a energia…
que vibra neste verso!

Amor, Amor, Amor…
nós somos um ser assim!
Amor, Amor, Amor…
paz, luz e abundância sem fim!

Nós somos a cura
e cocriadores de milagres.
Nós somos a luz pura,
sendo em várias realidades!

Em perfeita conexão...
com a Fonte nós estamos!
Somos um só coração
e em sintonia nos amamos!

Nós somos a totalidade,
a pura alegria!
Vivendo em felicidade,
termina a nostalgia!

Amor, Amor, Amor...
nós somos um ser assim!
Amor, Amor, Amor...
paz, luz e abundância sem fim!

2 LIVRE

Eu sou livre no amor,
eu sou livre na luz!
Chega, chega de dor,
tiro de mim essa cruz!

Liberdade não é fazer,
ter ou adquirir.
Liberdade é somente ser,
sem medo, sem fugir!

Quebro todas as correntes
de restrições e limitações!
Tudo existe em nossas mentes…
purifiquemos os nossos corações!

Livre, Livre, Livre,
eu reivindico e declaro que sou!
Livre, Livre, Livre,
um ser de luz, divino, um ser amor!

Eu sou livre na presença
dos seres que eu mais amo!
Respeito sempre na ausência,
com a minha alma eu exclamo!

Libertinagem não é liberdade,
é perda de consciência!
É o esquecimento da realidade,
mas agora lembro-me da minha essência!

A criação ocorre na vibração,
na frequência do sentir e do pensamento.
Abrir o meu coração...
foi a chave para o autoconhecimento!

Livre, Livre, Livre,
eu reivindico e declaro que sou!
Livre, Livre, Livre,
um ser de luz, divino, um ser amor!

3 LUZ

Eu sou cada partícula de luz,
eu sou a energia em movimento!
A Terceira Visão me conduz
e guia-me em pensamento!

A voz da Fonte está no coração
a clamar para ser ouvida!
A alma "derrete-se" na vibração,
quando esta é compreendida!

Luz que queima em amor,
que sacia esta ânsia!
Elimina toda a dor,
criando uma nova fragância!

Luz, Luz, Luz,
é tudo o que sou!
Luz, Luz, Luz,
todo o mal se eclipsou!

Estrelas, meteoros e planetas...
criação eterna de coisas novas.
Outras galáxias e cometas...
originam-se com a explosão de supernovas.

Todo o nosso ser interno e externo
com esta luz magnífica,
transmuta-se em fraterno
e com o amor incondicional se intensifica!

A fusão num ser só
é o nosso processo natural
de retornarmos ao pó
e à nossa Luz Original!

Luz, Luz, Luz,
é tudo o que sou!
Luz, Luz, Luz,
todo o mal se eclipsou!

4 PAZ

A paz é dar espaço
e viver no silêncio.
A paz é forte como aço,
eu vou fazer um anúncio!

Declarar aos sete ventos,
exclamar para o universo,
invocando os elementos
e todas as forças do multiverso!

Somente no polo positivo
com amor, paz e luz,
eu sou um ser criativo.
É a minha alma que me conduz!

Paz, Paz, Paz,
eu declaro a minha intenção!
Paz, Paz, Paz,
a finalidade é a ascensão!

Na paz, somos todos irmãos
de mãos dadas e abraçados.
Uma eterna chuva de bênçãos,
onde todos os desejos são realizados!

Como cocriadores que somos
e vivendo de acordo com o coração,
unindo células, moléculas e átomos,
integramo-nos na Federação!

A diversidade e a aceitação
são o produto do amor e da paz.
Reinando a liberdade e a confrontação,
todo o ser humano é capaz!

Paz, Paz, Paz,
eu declaro a minha intenção!
Paz, Paz, Paz,
a finalidade é a ascensão!

5 FELIZ

Ser feliz não é ter tudo o que queres
ou fazer tudo o que te apetece.
Mas, sim, partilhar tudo com os seres
que de verdade te merece!

Feliz é ser no silêncio,
interiorizando tudo o que sou
e viver sempre cônscio,
no agora, pois o passado cessou!

Ser feliz é viver em constante liberdade
de amar, ser, sentir e viver,
deleitando-me sempre na verdade
de que o amor está destinado a vencer!

Feliz, Feliz, Feliz,
assim eu escolho ser!
Feliz, Feliz, Feliz,
só reconhecendo o meu Real Ser!

Ser feliz é correr, sentindo o vento
e acolher as gotas da chuva no rosto.
Feliz é, simplesmente, viver o momento,
sendo a ordem no caos, o oposto!

Ser feliz é experimentar o despertar,
é abolir todo o sofrimento
e de todo o véu e ilusão acordar,
pois só o amor reina todo o tempo!

Ser feliz é quebrar as correntes
de todo o controlo e prisão,
que mantém as nossas mentes
num estado de separação.

Feliz, Feliz, Feliz,
eu assim escolho ser!
Feliz, Feliz, Feliz,
só reconhecendo o meu Real Ser!

Mal-humorado não é 100% negativo,
é mais um chamado da consciência.
E ainda que não seja muito atrativo,
é abençoado com muita paciência!

O mal-humorado fala através do silêncio,
por gestos, atos e genuínas atitudes.
E por mais que diga: - Eu renuncio!
O não é irreal, sendo o amor e luz eternas virtudes.

Julgar e culpar é sempre mais fácil
do que olhar para dentro de nós.
Mas com coragem e sendo bem ágil,
nós paramos de nos sentirmos sós.

Mal-humorado, Mal-humorado, Mal-humorado,
não é frio, calculado, sem sentimento!
Mal-humorado, Mal-humorado, Mal-humorado,
apenas invoca o respeito sem condicionamento!

A sua rebeldia não é agressão
nem as suas palavras são literais.
O seu guia é o coração,
pedindo sempre mais, mais, mais!

Sinceridade, amor, clareza e respeito
são a base para os relacionamentos.
E quem não entender o conceito,
vai colocar-se em apuros muitos momentos!

Fazer-se difícil é proteger-se
de quem não entende o espiritual.
É preciso cada um abastecer-se
do conhecimento e ir além do bem e do mal.

Mal-humorado, Mal-humorado, Mal-humorado,
não é frio, calculista, sem sentimento!
Mal-humorado, Mal-humorado, Mal-humorado,
apenas invoca o respeito sem condicionamento!

7 HONESTIDADE

Honestidade não é somente
colocada em palavras.
É o germinar da semente,
impelindo para que te abras...

Para o novo e desconhecido,
sendo um guerreiro da luz.
Sempre com amor merecido,
sabendo que a tua alma te conduz.

Honestidade é ser totalmente verdadeiro,
mas não apenas com os demais.
Precisas te conhecer por inteiro...
o bom, o mau e tudo o mais!

Honestidade, Honestidade, Honestidade,
que o ser humano aceite o despertar!
Honestidade, Honestidade, Honestidade,
somente o amor te pode acordar!

Honestidade é seguir os teus ideais,
os teus princípios e valores.
Nunca sigas as ideias dos tais,
confia em ti próprio e cria novas "cores"!

Cria a tua nova vida e o teu novo mundo
sempre com base na verdade!
Tudo vai ser tão profundo
que ninguém pode arrancar da realidade.

Na honestidade tudo se mantém,
mesmo que tentem abalar a estrutura.
E no amor que tudo contém,
tudo é eterno, tudo perdura!

Honestidade, Honestidade, Honestidade,
que o ser humano aceite o despertar!
Honestidade, Honestidade, Honestidade,
somente o amor te pode acordar!

8 EQUILÍBRIO

O equilíbrio começa dentro de nós,
e não, não é puro egoísmo.
É estarmos centrados, mesmo estando sós,
e recorrermos ao perfecionismo.

Equilíbrio é nos amarmos,
exatamente como somos agora.
Independentemente de estarmos,
conscientes dos defeitos de outrora.

Equilíbrio é o perdão da perspetiva do passado,
é a aceitação do eterno tempo presente.
É a construção do futuro eminente amado
com eterna gratidão e verdade sempre em mente!

Equilíbrio, Equilíbrio, Equilíbrio,
eu quero-te dentro de mim!
Equilíbrio, Equilíbrio, Equilíbrio,
profundamente enraizado em mim!

Equilíbrio é viver em constante alegria,
no amor, na paz e num prazer sem fim.
Equilíbrio é acreditar na verdadeira magia
de que tu crias a tua vida e milagres, sim!

Equilíbrio é nos deleitarmos com a simplicidade
e não apenas com coisas rotuladas importantes.
Pois a maior e duradoura satisfação está na vivacidade
do natural e dos detalhes que nos tornam radiantes!

Equilíbrio é amar eternamente sem distinção,
é ser o Ser Superior, a luz na eterna existência.
É permitir e regar o florir do nosso coração
e firmar no Despertar da Consciência.

Equilíbrio, Equilíbrio, Equilíbrio,
eu quero-te dentro de mim!
Equilíbrio, Equilíbrio, Equilíbrio,
profundamente enraizado em mim!

9 DIGNIDADE

Dignidade é respeitar os direitos dos seres humanos,
de todas as espécies e raças existentes - de todos os seres.
É eliminar a presunção de que estamos sós nestes
universos e, ainda, aceitar que há irmãos e irmãs de
tecnologias superiores!

Dignidade é agir com gentileza, simpatia e muito tato,
tendo em consideração a dor de tantas vidas passadas.
E mesmo que não pareça real nem exato,
todas as pessoas estão dolorosamente marcadas!

Dignidade é cuidar de todos como se fossem seda,
como se fossem plumas que o vento pode levar.
E, ainda, fazer dos nossos corações uma fazenda
para que todos possamos incondicionalmente abrigar!

Dignidade, Dignidade, Dignidade,
eu quero-te incorporar e acolher!
Dignidade, Dignidade, Dignidade,
para, eternamente, contigo aprender!

Dignidade, eu invoco-te aqui, sinceramente,
para que possas tocar os corações perdidos.
A minha Alma exalta-se verdadeiramente,
despedindo-se de todos os medos e perigos!

Dignidade, tu tornas-me íntegra e pura
com o meu Real Ser a vibrar em mim!
E ainda que ninguém veja a tua verdura,
faço de ti o meu mais belo florido jardim!

Dignidade é uma flor eterna a desabrochar...
as suas pétalas: o amor, o respeito, a energia.
E mesmo no inverno, com as suas pétalas a cair,
transmite apenas sobre todos a profunda alegria.

Dignidade, Dignidade, Dignidade,
eu quero-te incorporar e acolher!
Dignidade, Dignidade, Dignidade,
para, eternamente, contigo aprender!

10 VERDADE

A verdade está sempre a ser exposta,
para ser conhecida por todos - ampliada.
E por mais que crie uma atitude indisposta,
a finalidade é ser uma limpeza da dor carregada.

A verdade é Tudo o Que É e Será!
Não adianta os esforços dos escuros.
A paz/luz na Terra sempre reinará,
pois nós vamos quebrar todos os "muros"!

Verdade não é tudo o que podes ver ou ouvir,
nunca se limita aos sentidos físicos.
Precisas experimentar a verdade e sentir
para que todos os desejos sejam realísticos!

Verdade, Verdade, Verdade
é cada partícula do meu Ser!
Verdade, Verdade, Verdade,
assim serei até depois de morrer!

Verdade é pura, definitiva e eterna
que não pode ser transmutável.
É liberdade no ar, é alegria materna
que se estende sem fim - é irrefutável.

Verdade é o sabor de novos temperos
que nos encontramos sempre a descobrir.
E por mais que haja desesperos,
finalmente, todo o amor acaba por florir.

Verdade é quando a "sonolência" sobrevém,
é a energia do amor e da cura constante.
É um alívio, um descanso e uma paz também,
o que permite o fluir do despertar fascinante.

Verdade, Verdade, Verdade
é cada partícula do meu Ser!
Verdade, Verdade, Verdade,
assim serei até depois de morrer!

11 CURAR

Curar a alma é como curar a febre,
pois sentes indisposição e transpiras.
Mas, logo depois, sentes-te como a lebre,
revigorada e plena de boas energias!

Curar é aceitar quem nós realmente somos:
perfeitos - amor, luz, paz e seres divinos!
Livres da matriz, da prisão da terceira dimensão
e da opressão amarga, pior que a dos citrinos!

Curar não é apenas um ato para o ser humano,
mas também terrestre, mineral, vegetal e animal.
Curar é o Ascender e Despertar do Super-humano
para a sua própria Divindade, sem espaço para o mal!

Curar, Curar, Curar,
eu decreto neste momento, aqui e agora!
Curar, Curar, Curar,
o Universo, a Terra, o coração implora!

Curar é permitir a exposição do desagradável,
mesmo que não o consigamos compreender.
É deixar que toda a dor seja transmutável
e que em nós tudo se comece a desvanecer!

Para que o novo, finalmente, possa surgir,
resplandecente com Amor e Luz imensurável.
Da escuridão quero agora mesmo emergir
e, eternamente, permanecer na Luz imparável!

Curar é transcender todo o ego,
sempre pronto a se defender!
Como um bebé imerso no apego,
apenas com o amor pode reaprender!

Curar, Curar, Curar,
eu decreto neste momento, aqui e agora!
Curar, Curar, Curar,
o Universo, a Terra, o coração implora!

12 CORAÇÃO

Coração é a mente universal absoluta,
a porta de entrada para a memória Akáshica.
É a Nova Era da verdadeira conduta
que equilibrará a densidade demográfica.

Coração é a voz da nossa amada Fonte
e a sabedoria do nosso Ser Superior.
Coração é a eterna e firme ponte
entre a ciência e o espírito no nosso interior.

Coração é Tudo O Que É e Será,
na aventura de ser, sem limites!
É ser o amor e a eterna luz que iluminará
o caminho na direção dos nossos deleites!

Coração, Coração, Coração,
eterna e conscientemente, eu escolho-te a ti!
Coração, Coração, Coração,
o que a mente limita, tu expandes agora e aqui!

Coração é a minha Chama Gémea,
flamejando intensamente dentro de mim!
É o puro, doce e definitivo amor,
a verdadeira essência que vibra sem fim!

Coração é o oceano da aceitação,
da verdade e transcendência.
É a entrega total à corrente da adaptação
sem oferecer qualquer resistência!

O Ser Superior é o meu coração,
mente, alma, a verdade e tudo em mim!
O Gémeo é o sol, o ar e a minha inspiração.
Ele é a estrela, a felicidade, o meu anjo querubim!

Coração, Coração, Coração,
eterna e conscientemente, eu escolho-te a ti!
Coração, Coração, Coração,
o que a mente limita, tu expandes agora e aqui!

13 GRATIDÃO

Gratidão é a comunicação direta com o universo,
atraindo com o pensamento, sentimento e vibração.
Gratidão é dizer que sim para o desejo submerso
dos milagres futuros e da eterna divina bênção!

Gratidão está em invocar mudanças na nossa vida
para um nível mais subtil, mais elevado.
Gratidão é ser, profundamente, na luz expandida
para que o véu nos seja, finalmente, desvelado!

Gratidão é amar e respeitar a nós próprios,
sendo capazes de perdoar, ser gentis e o amor ancorar.
Tudo o que somos no agora mantém o equilíbrio,
permitindo o fluxo divino, eternamente, nos suavizar!

Gratidão, Gratidão, Gratidão
é a pureza diamantina da aceitação!
Gratidão, Gratidão, Gratidão,
eu a incorporo docemente no meu coração!

Gratidão é deixar as lágrimas rolar no rosto,
não contendo esta imensa felicidade.
Gratidão é permitir o Fogo Divino ser exposto,
vibrando cada vez com mais intensidade.

Gratidão é ser Um Só com a família universal,
com os seres vivos, humanos ou não, com os planetas...
Gratidão é ser um só corpo, ainda que membro do casal,
uma só chama pura e unificada de dois raios violetas.

Gratidão é o início de um amor eterno e profundo
entre dois corações com um só batimento cardíaco.
Ambos se apartando da ilusão e das trevas do submundo,
são recompensados com um merecido viver paradisíaco.

Gratidão, Gratidão, Gratidão
é a pureza diamantina da aceitação!
Gratidão, Gratidão, Gratidão,
eu a incorporo docemente no meu coração!

14 PRIORIDADE

Prioridade é mais do que um capricho.
É um desejo, uma escolha, uma decisão.
Prioridade é persistir como um "bicho",
tornando realidade a nossa vasta criação.

Prioridade é ter um amplo conhecimento
de quem somos, do nosso Real Ser Superior.
E ainda que não conecte no ansiado momento,
guia-nos sempre para o nosso mundo interior.

Prioridade é ter estabelecido a vibração em nós,
ardendo e explodindo dentro do nosso coração.
E com a firme consciência de que não estamos sós,
finalmente, o amor liberta-nos desta matriz-prisão!

Prioridade, Prioridade, Prioridade
é o amor eterno excecionalmente imensurável!
Prioridade, Prioridade, Prioridade
é a conexão perfeita com a Chama Gémea inflamável!

Prioridade é amar intensamente a família de alma,
a autêntica, pura, doce e profunda unidade universal.
Prioridade é o respeito irrefutável da tremenda calma
que equilibra, vividamente, o nosso pior estado mental.

Prioridade é inspirar e expirar os direitos humanos,
servindo com a mais intensa e fascinante dedicação.
Prioridade é ser no fluxo infindável como os Arcturianos,
sendo a luz, o amor e a paz espargindo por toda a
imensidão.

Prioridade é criar a paz em todas as nossas atitudes...
palavras, artes, ações, músicas, discursos e eventos.
Alimentando sempre as nossas maiores virtudes,
sendo sempre a fonte e voz visível dos bons exemplos.

Prioridade, Prioridade, Prioridade
é o amor eterno excecionalmente imensurável!
Prioridade, Prioridade, Prioridade
é a conexão perfeita com a Chama Gémea inflamável!

15 PRIVACIDADE

Privacidade é ter a liberdade de escolha de dar informação ou, simples e firmemente decidido, manter sigilo e ter paz. Privacidade é assimilar a voz do nosso amável coração e, mesmo que não exposto, é confrontar a realidade e ser capaz.

Privacidade não é esconder toda a nossa vida e ações, mas, em vez disso, ser naturalmente abertos para a vida. Privacidade é viver sem medo das inesperadas exposições, pois quem tem a sua ética em dia não se encontra em dívida.

Privacidade é respeitar as decisões de todos ao nosso redor sem a intenção de mudá-los, pois são naturalmente perfeitos.
Privacidade é ter a capacidade de ter um coração amplo e acolhedor e ser humilde sem necessidade de fazer "bandeira" para os seus feitos.

Privacidade, Privacidade, Privacidade,
com profundo respeito eu libero-te e emano!
Privacidade, Privacidade, Privacidade,

que a tua compreensão desperte o Super-humano!

Privacidade é ter o direito de ser feliz e livre em cada movimento sem ter a interferência de intenções negativas de um terceiro ser.
Privacidade é uma escolha de como ser num relacionamento, com a sinceridade infinitamente em vista, sem se contradizer.

Privacidade é também uma artimanha usada pela teimosia da escuridão, para nos manter nesta materialidade ilusória e sempre aprisionados.
Mas quando a justiça divina sentencia que chegou a hora da Ascensão, nada pode parar o despertar dos seres iludidos e eternos iluminados.

Privacidade é usada com um falso conceito e crença para apagar a luz, encontrando-se enraizada na mente humana ao longo de muitas gerações.
Aqui viemos lutar com a Chama Violeta do Amor, nós Guerreiros da Luz, para terminar de vez com estes esquemas trapaceiros de manipulações!

Privacidade, Privacidade, Privacidade,
com profundo respeito, eu libero-te e emano!
Privacidade, Privacidade, Privacidade,
que a tua compreensão desperte o Super-humano!

16 RESPEITO

Respeito é conhecer profundamente os corações dos demais, aceitando o seu verdadeiro, intenso e imutável Ser Divino.
Respeito é nunca magoar intencionalmente os mesmos tais, e, ainda, jamais provocar o seu Ego para perturbar o seu tino.

Respeito é abraçar os sentimentos da nossa família universal, compreendendo as suas disfunções, "botões" e gigantes dores.
Respeito é relembrá-los da ciência do conhecimento do seu normal que é o seu amor puro, sabedoria eterna, luz e belíssimas cores!

Respeito é entender que permitir chorar não é uma fraqueza, mas sim uma liberação de todas as energias negativas em nós. E por mais que digam que é profunda depressão essa tristeza, lembrem-se que os anjos estão connosco. Nós não estamos sós!

Respeito, Respeito, Respeito
é tudo o que eu quero dentro de mim!
Respeito, Respeito, Respeito,
partilhando sempre com todos, sem fim!

Respeito é perdoar quem não nos compreende,
ama e aceita, pois apenas estão num estado hipnótico de
adormecimento.
Respeito é deixá-los ir e dar-lhes a oportunidade de
colheita para que finalmente consigam ver a luz do
autoconhecimento.

Respeito é ouvir e seguir a voz do nosso belo amado guia
coração, confiando sempre na nossa eterna, sábia e
verdadeira voz interior.
Respeito é enfrentar os nossos medos com apropriada e
correta ação, ainda que a nossa mente diga o contrário e
grite que vai provocar dor.

Respeito é respirar conscientemente a cada novo dia
milagroso, sentindo a sua própria calorosa, imensurável e
amorosa energia.
Respeito é expressar pura gratidão em cada instante tão
saboroso que o universo nos presenteia como
inimaginável e linda magia.

Respeito, Respeito, Respeito
é tudo o que eu quero dentro de mim!
Respeito, Respeito, Respeito,
partilhando sempre com todos, sem fim!

17 VIDA

A vida é apenas o começo
de um novo ciclo de lições.
A vida é feita de muito tropeço,
mas fortalece os nossos corações.

Na vida recebemos muitos dados
e a grande parte é de forma inconsciente.
Por isso, temos de nos manter acordados
e com coragem seguir sempre em frente!

A vida é para ser saboreada
como o nosso alimento preferido.
Pois cada vida única é criada
com uma missão e um propósito querido.

Vida, Vida, Vida,
contigo eu quero crescer!
Vida, Vida, Vida,
eternamente, eu desejo aprender!

A vida não é uma questão material.
Essa é uma grande ilusão da matriz.
A vida é o curso de cada alma – ser espiritual,
o qual tem de cortar o mal pela raiz.

A vida é usada para manipular toda a sociedade
com o uso do medo, da depressão e do controlo.
A vida é também a chave para a liberdade
através do nosso autoconhecimento, sem dolo!

A vida é o despertar da Verdade e da Luz
em cada instante, em cada momento.
A vida é tua, cocriador. Libera essa cruz!
Agora é a hora do teu empoderamento!

Vida, Vida, Vida,
contigo eu quero crescer!
Vida, Vida, Vida,
eternamente, eu desejo aprender!

18 MORTE

Morte é apenas uma transição de estado
do nosso ser físico para o nosso Real Ser.
Morte é o fim temporário deste ambiente pesado
e a volta ao nosso verdadeiro lar e nível de ser.

Morte é a desconexão com o corpo físico,
mas não é o fim da nossa existência.
Morte é o fim de uma etapa apenas e, sem equívoco,
não existe perigo quanto à nossa permanência.

Morte é o voltar ao nosso Ser de luz amor,
o qual é perfeito, eterno e multidimensional.
Morte é o recordar da nossa energia e cor
da nossa aura e frequência vibracional.

Morte, Morte, Morte
na hora certa vais chegar!
Morte, Morte, Morte
para casa eu poder voltar!

Morte é o recuperar da consciência
e da compreensão da última vida.
Morte é o relembrar da prevalência
e da autocura da alma ferida.

Morte é reconhecer o universo sem fim,
voando e viajando sempre em serviço.
Morte é apenas o recomeço de mim
sem ganância ou desespero – eu não cobiço.

Morte é o fim do controlo do Ego que nos fere
e de todas as baixas paixões e ilusões.
Morte é o fim do materialismo que interfere
na nossa mente e que afeta os nossos corações.

Morte, Morte, Morte
na hora certa vais chegar!
Morte, Morte, Morte
para casa eu poder voltar!

19 DOR

Dor é o nosso grande mestre e amigo na vida,
ensinando-nos com as mais vastas experiências.
A dor lembra-nos da nossa humanidade ferida,
da nossa conexão eterna e das suas consequências.

A dor é o bilhete de volta para o nosso verdadeiro lar,
é o caminho de retorno à nossa consciência de amor e luz.
A dor é o único caminho para o despertar,
ainda que aparente ser penoso carregar essa cruz.

A dor pode parecer excruciante, definitiva e assustadora,
mas na realidade é momentânea e irrelevante.
Tendo a dor na nossa mente como dominadora,
depressa aprendemos a recordar o que é real e importante.

Dor, Dor, Dor,
eu agradeço-te as lições de vida!
Dor, Dor, Dor,
agora mesmo, de mim, és removida!

A dor existe para apelar à responsabilidade,
pois cada um é o cocriador da sua vida.
A dor serve para te empoderar perante a adversidade
e para te libertar de toda a ilusão vivida.

A dor é o resultado da ideia de separação com a Fonte
e das mensagens falsas, subconscientemente, recebidas.
Porém, a dor pode ser a passagem como uma ponte
para a cura de todas as angústias apercebidas.

A dor surge já estando destinada a terminar,
pois o negativismo nunca pode prevalecer.
A dor é a transformação e o constante germinar
de um novo mundo, de um novo amanhecer.

Dor, Dor, Dor,
eu agradeço-te as lições de vida!
Dor, Dor, Dor,
agora mesmo, és de mim, removida!

20 IGNORÂNCIA

Ignorância não é apenas a falta de conhecimento
ou o esquecimento da mais pura verdade.
Ignorância é a rejeição do eterno momento…
do agora, que é a chave para a nossa liberdade.

Ignorância é a anulação de nós mesmos,
do amor e da luz que é a nossa essência.
A ignorância é a desmemória temporária do cosmos,
provocando medo em nós e uma enorme resistência.

A ignorância constrói muros, barreiras e limitações,
colocando o ser humano no ódio e na escuridão.
A ignorância impede todas as nossas criações,
forçando-nos a ir para o buraco negro da escravidão.

Ignorância, ignorância, ignorância,
mantiveste-me num duro esquecimento!
Ignorância, ignorância, ignorância
é o teu fim, agora mesmo, no autoconhecimento!

Ignorância é acreditar na matriz – a prisão imposta,
onde a sociedade é usada como maquinaria.
Ignorância é aceitar a mentira ardilosamente exposta
e alimentar cada vez mais a infeliz selvajaria.

Ignorância é viver num pesadelo constante
no qual nós só queremos acordar.
Ignorância é esquecer o que é realmente importante
e promover o que nos impede de mudar.

A ignorância é a falta de consciência
de atitudes e de ações e reações amorosas.
A ignorância é a triste sucumbência...
ao nosso Ego, ao ódio e às vibrações desastrosas.

Ignorância, Ignorância, Ignorância,
mantiveste-me num duro esquecimento!
Ignorância, Ignorância, Ignorância
é o teu fim, agora mesmo, no autoconhecimento!

21 HUMILDADE

A humildade é a aceitação da Verdade Oculta
pela Cabala, pelos Escuros adormecidos.
A humildade é a base da humanidade culta,
do equilíbrio e da harmonia dos desfavorecidos.

A humildade é o reconhecimento da equidade,
tendo em conta que temos origem na mesma Fonte.
A humildade é o retornar à simplicidade,
ao amor e à luz, construindo assim uma ponte.

A humildade é abraçar o nosso Ser Superior
e cuidar da nossa criança assustada que é o Ego.
A humildade é incorporar a luz no nosso interior,
permitindo a cura e o despertar do Eu "cego".

Humildade, Humildade, Humildade,
hoje e sempre, flui dentro de mim!
Humildade, Humildade, Humildade
és a flor de Lótus do meu jardim!

Humildade é sentir e compreender o ser alheio,
sabendo que a sua essência não é ruim.
A humildade é ser generoso sem devaneio
e sempre com o amor como meio e fim.

Humildade é acolher a nossa Família Universal
com a certeza de que Ela nos quer ajudar.
Humildade é ser verdadeiramente natural,
sendo capaz de ouvir e permitir o elucidar.

Humildade é abrir os olhos e, consequentemente,
entender que a tecnologia Merkabah não é somente
alienígena.
Humildade é, finalmente, assimilar o nosso Verdadeiro
Poder e concluir que toda a realidade existente é
endógena.

Humildade, Humildade, Humildade,
hoje e sempre, flui dentro de mim!
Humildade, Humildade, Humildade,
és a flor de Lótus do meu jardim!

SOBRE A AUTORA

Nádia Cardoso, nascida em Portugal em 1989, é uma escritora aspirante com um amor pela poesia. Ela espera aventurar-se em diferentes estilos de escrita e acredita na nossa natureza espiritual como seres de luz e amor. Agora a residir nos EUA desde 2018, ela pretende lembrar aos leitores a sua essência genuína no seu livro de estreia.

"A sobriedade é a minha loucura, mas a loucura é a minha sobriedade."

Sobre o livro, a autora diz: "Nós não somos meros humanos. Nós somos seres espirituais, energia, seres de luz e amor. Com este livro, espero relembrar às pessoas a sua verdadeira origem e essência".

Fique na Luz!

www.ingramcontent.com/pod-product-compliance
Lightning Source LLC
Chambersburg PA
CBHW072039060426
42449CB00010BA/2347